문학과지성 시인선 216

나의 침울한, 소중한 이여

황인숙 시집

문학과지성사에서 펴낸 황인숙의 시집

새는 하늘을 자유롭게 풀어놓고(1988)
슬픔이 나를 깨운다(1990, 개정판 1994)
우리는 철새처럼 만났다(1994)
자명한 산책(2003)
리스본行 야간열차(2007)
못다 한 사랑이 너무 많아서(2016)
내 삶의 예쁜 종아리(2022)

문학과지성 시인선 216
나의 침울한, 소중한 이여

초판 1쇄 발행 1998년 6월 12일
초판 18쇄 발행 2024년 11월 8일

지 은 이 황인숙
펴 낸 이 이광호
펴 낸 곳 ㈜문학과지성사
등록번호 제1993-000098호
주   소 04034 서울 마포구 잔다리로7길 18(서교동 377-20)
전   화 02)338-7224
팩   스 02)323-4180(편집) 02)338-7221(영업)
전자우편 moonji@moonji.com
홈페이지 www.moonji.com

ⓒ 황인숙, 1998. Printed in Seoul, Korea

ISBN 89-320-1008-0 02810

이 책의 판권은 지은이와 ㈜**문학과지성사**에 있습니다.
양측의 서면 동의 없는 무단 전재 및 복제를 금합니다.

문학과지성 시인선 216

나의 침울한, 소중한 이여

황인숙

1998

시인의 말

돌아가보자.
'말의 아름답기' '말의 부드럽기' '말의 따뜻하기'
——藝專 문창과 「문학개론」 첫 장으로. 그러면 '삶의 아름답기' '삶의 부드럽기' '삶의 따뜻하기'가 가까워질 것이다.

1998년 초여름
황 인 숙

나의 침울한, 소중한 이여

차 례

▨ 시인의 말

영혼에 대하여 / 11
어쨌든 그것부터 / 12
조그만 회색의 유리창 / 14
긴말 하기 싫다 / 15
문득 어떤 기억들은 / 16
거울들 / 17
장엄하다 / 18
문밖에서 / 19
우는 사람 / 20
밤의 노래 / 22
하얀 달 / 24
어둠 속에서 / 25
겨울 정류장 / 26
採 春 / 28
골목의 참새 / 30
좀 비 / 31
아직도 햇빛이 눈을 부시게 한다 / 32
꿈 / 33
추운 얼굴로 웃으며 / 34
목고리 / 36
담쟁이 / 38

10년 전, 내 동생 / 39
오월, 하고도 스무여드레 / 40
너는, 달을 아니? / 42
양 생 / 44
언젠가 진짜 / 45
말의 힘 / 46
비 / 47
죽은 풀들도 입을 벌리고 / 48
나의 침울한, 소중한 이여 / 50
시인의 묘 / 51
콘트라베이스 주자 / 54
아무 불도 켜지지 않았다 / 56
꿈에 깨다 / 58
폭 우 / 59
열이 활활 나는 삶의 손바닥으로 / 60
안녕히, / 62
아침을 본 짧은 기억 / 64
북호텔 / 66
나의 맹세 / 67
지극히 속된 기도 / 68
길 / 70
기 도 / 72
밤 길 / 74
11월 / 76
데그럭거리다 / 77
생활! / 78

얼음과 먼지 / 79
꿈같이 산다, 죽은 이들은 / 80
11월 / 81
너는 파랗고 / 82
동물원 / 84
자유로 / 86
독자적인 삶 / 87
고아원 / 88
흰눈 내리는 밤 / 89
일요일의 노래 / 90

▨ 해설•자기 부정, 밖을 향한 터짐•진형준 / 91

영혼에 대하여

1

순수한 영혼과 타락한 현실간의 대립이
환멸, 이라는 책을 읽었다.
그것이 뭐가 환멸이야? 자랑이지.
타락한 영혼과 순수한 현실, 의 대립, 이야말로,

하긴 순수한 영혼아, 네가 어찌 환멸을 알겠니?

2

영혼이라는 게 몸 안에서
불덩이처럼 굴러다니고 있다고 생각하면
멀미가 난다.
속이 울렁거려.
토할 것 같아. 영혼이든 뭐든.

나는 영혼이
나뭇가지를 샅샅이 훑고 다니는
바람이라면 좋겠다.

어쨌든 그것부터

어젯밤 잠들기 전 나는 대단한 생각을 해냈다.
그리고 깨자마자 그 대단한 생각을 또 해냈다.

철심을 넣은 수의처럼
누렇고, 뻣뻣하고, 불길하고, 뻔뻔한
저놈의 커튼을 걷어치우자.
우선, 무엇보다도, 우선, 저것부터!

그리고 그 자리에 분홍빛과 금빛으로 아롱진
후둘후둘한 커튼을 달기로 했다.
싸구려 같다고 한마디 듣고 창고에 내놨었지.
미처 버리지 못한 거지만
어쨌든 내게 다른 커튼이 없으니까.
어쨌든 그 커튼은
바람이 불면 덧없고 가벼운 척
날리는 시늉을 할 테니까.
어쨌든, 우선, 저놈의 커튼을!

두 개의 연두색 동그라미를 가진 가위가
과일칼과 양말짝과 밤새 화투라도 친 양

널브러져 있다.
오늘 신문은 벌써 반찬 국물로 얼룩져 있다.

뻣뻣한 것은 날이 갈수록 뻣뻣해졌다.
후둘후둘한 것은 점점 더 후둘후둘해질 것이다.
떫은 감은 점점점 더
떫음으로 땡땡해질 것이다.

조그만 회색의 유리창

만수산 드렁칡이 된
화석 같은 머리통에
매달린 몸통의 막막함.

그래, 이야말로 고전적인 고질.
매사 (매사? 도대체 무슨 일이
있기나 있단 말인가?)
내가 벌을 받고 있다는 기분.

쪼그리고 눕거나
웅크리고 앉으면
가슴의 조그만 유리창이
찌그덕, 닫힌다.
건조한 구름 얼룩진 유리창.

손을 뻗으면 발목이 잡힌다.
내 발목이다.
따뜻하다. 내 손이다.

긴말 하기 싫다

그냥 멍청한 것
그냥 삐뚜름한 것
그렇다면 그냥 견딜 만한데
멍청하고 삐뚜름한 것, 아!
      쩌르륵 거울에 금이 간다
      쩍 갈라져 뒤집어질 것 같다

어쩌겠니, 내가
어제 오늘 못생겨진 것도 아니고……
항상 이렇게 생겼었다는 것이
위로가 되다니!

문득 어떤 기억들은

산탄총이 되어 관자놀이에
방아쇠를 당기는 거예요.
산산이 뇌세포를
부숴버리는 거예요.
지져버리는 거예요.

자욱한 포연 속에서
나는 비틀거리며 일어나는 거예요.
새들도, 거리의 소음도 비틀거리며
막 분홍빛이 되는, 아침이 비틀거리며.

거울들

저 실컷 놀아서 목이 쉰 것 같은
개구쟁이 뱃사공 로드 스튜어트가
로드 데이빗 스튜어트가
하, 쉰 살이 넘었다니!
위안이 되는군.
뭔지 몰라도
자기도 모르면서
너는 모른다고 외치는
Hall and Oates도
그쯤 됐을 거야, 아마.

이 년 후면 이 몸도
그토록 능멸했던 연세가 되시는구나.
(쌤통이라고?)
아, 새 신을 신든 헌 신을 신든
팔짝 뛰고 싶구나.

여기, 변변히 젊어본 적 없는 자,
고이 늙지 못하다.

장엄하다

모든 죽음은 그 장소가 정해져 있어서
모든 아직 산 자들이 그곳을 향해
한 발 한 발 다가가는 것을 생각하면

아저씨, 이 집은
왜 이렇게 술이 잘 쏟아지는 거예요?
자꾸 술병을 쓰러뜨리며
곤드레가 된 한 사내가
술집을 나와
비틀비틀, 한 발, 한 발,

아스팔트로, 골목으로, 구석방으로,
식당으로, 극장으로, 잔칫집으로,
공사장으로, 도서관으로, 산으로, 강으로,
한 발, 한 발, 그 길,
눈길, 빗길, 밤길, 햇빛 화창한 길로

어떤 코믹한 죽음도, 실없는 죽음,
개죽음도, 그가 결국 죽으러
그곳으로 다가가는 걸음을 생각하면.

문밖에서

방을 구하지 못한 혹은
깃들일 마음을 구하지 못한
가령 사랑들이
서리가 되어 깨어난다.

골목 골목에 대로의 한적한 곳에
우두커니 나무 밑에 달빛 아래
서리들이 웅숭거린다.

창밖에, 모든 문밖에.

우는 사람

비둘기를 주려고 빵봉지를 들고 헤맸다.
아무 비둘기도 만나지 못했다.
하늘은 흐렸다.
벤치 위에 한 남자가 어깨를 수그리고
고개를 가슴에 쑤셔박고 앉아 있다.
나는 그를 멀찌감치 돌아 걸었다.

나무들은 문을 꽁꽁 걸어잠그고
어디로들 가버렸다.
그가 앉은 벤치 옆의 작고 앙상한 나무 역시
그곳에 없을 것이다.

한 무리의 바람이
분수대의 텅 빈 수관 속을 기웃거린다.

나는 잘게 뜯은 빵조각을
비둘기집 아래에 흩뿌렸다.
아무 비둘기도 내다보지 않았다.
납빛 가등이
어스름이 깃드는 빵조각들을 내려다본다.

텅 빈.
겨울.
일요일.
저녁.
남산.

밤의 노래

너는 그것이 어둠이 끌리는 소리라고 생각했을 것이다.
어쩌면 알았니, 어둠 속에서 무엇이 끌리는지?
너는 그것이 바람이 끌리는 소리라고 생각했을 것이다.
어쩌면 알았니, 바람 속에서 무엇이 끌리는지?

내 심장에서 꺼낸 밤을
비단 손수건처럼 펼친다.
아주 작은 수천의 비단 손수건들의 파동으로
나는 네 베개 위에서
잠든 너를 내려다본다.

나는 너를 만질 수 없다.
보고 또 볼 뿐.

너는 단지
네 머리에 눌린 자국이라고만 생각했을 것이다.
어쩌면 알았니, 그 자국에 닿아 있는
내 무릎 자국을?

그것은 꿈이 아니었다.
꿈보다 더 허망한 것이었을망정.

내 심장에서
느티나무 같은 밤이 자란다.
너를 향해
내 발바닥엔 잔뿌리들 간지러이 뻗치고
너를 만지고 싶어서
내 모든 팔들에
속속 잎새들 돋아난다.

하얀 달

하얀 달.
밤을 나는 새들이 제 날개를 비춰보는.
하얀 달.
지나가는 구름 잠시 달 속을 들여다보네.
빈 달의 거울.
고요하고 무심한.
빈 달의 거울.
밤을 나는 새들이 제 날개를 비춰보는.

어둠 속에서

나는 어둠 속에서
춤출 수도 있고 이야기할 수도 있고
노래할 수도, 무엇을 먹을 수도 있다.
나는 어둠 속에서
걸을 수도 있고 양치질을 할 수도 있고
세수도, 얼굴 마사지도 할 수 있다.
하지만 어둠 속에서 나는
거울을 볼 수 없다.

어둠 속에서는
아무것도 보이지 않아서 두렵지만
그보다 더 두려운 것은
무엇을 보게 되는 것.

어둠 속에서,
가령 어둠보다 더 캄캄한 얼굴을.

겨울 정류장

오다가 버스도
어디선가 얼어붙어버렸나보다.

하늘은 물 든 지 오랜
갯밭빛이다.
노을의 끄트머리가
녹슨 닻처럼 던져져 있다.

바람결에 한 고랑에 모인
서로 낯모르는 가랑잎들 바스락거린다.
버스를 기다리는 사람들 몇이
옹송그리고 있다.

길 아래 교회 첨탑 위
성탄의 별은 소금빛.

살얼음진 바람을 깨뜨리며 한 남자가
저만치 걸어갔다 돌아오고
다시 걸어갔다 돌아오고
점점 더 멀리 걸어나가고.

발톱이 선 강마른 가랑잎이
시멘트 바닥을 긁으며 굴러간다.

가로등이 찬 빛을 뿜으며 맑아진다.

採 春

그젯밤쯤에 누군가가
이 계단에 피를 쏟았다.
뻘건 페인트 같은 핏자국.
어쩌면 핏자국같이 보이는 페인트.

지금은 대낮인데도
이 계단을 비추는 보안등이 켜 있다.
가끔, 밤인데도 꺼져 있기도 한다.
그리고 하늘에는 낮밤 가리지 않고
달이 떠 있는데
그 달까지 뚜벅 뚜벅 뚜벅
언제나 말라가는 개똥이 있다.

그 개똥의 주인은
피부병 같은 무늬의 털가죽
귀염성 없는 개이고
그 개의 주인은
등이 굽은 작은 노파.
그 둘이 가진 것이라곤
합해야 개와 주인밖에 없다.

그 둘은 같이 한 방향을 본다.
아까부터
중국집 배달원이 사람을 찾으며 두드리는
이웃집 대문을.
그 담장 너머로 비죽이
목련이 내다본다.

골목의 참새

어디서 왔니?
네 엄마는 너를 어디다 낳아
이때껏 어디다 숨길 수 있었니?
아하, 골목의 참새,
어디로 가니?
네 엄마는 어딨니?

좀 비

지하철이 플랫폼에 들어선다.
사람들 출구로 몰린다.
나와 눈이 마주친
뚱뚱한 아주머니, 뺨이 붉은 아주머니.
웃던 눈빛이
움찔, 꺾인다.

오, 아주머니,
당신께 아무 감정 없어요.
당신을 빈정거리지도 않고
당신 때문에 시무룩한 것도 아니에요.
당신께 무뚝뚝한 게 아니에요.
왜 그러겠어요, 제가?

오, 내 흉한 눈, 죽은 눈.
생각도 감각도 없이
바라보는 것을 시들게 하는.

아직도 햇빛이 눈을 부시게 한다

버스가 모퉁이를 도는 순간
햇빛이 유리창처럼 떨어졌다.
아찔!
나무가 새겨진다.
햇빛이 미세하게
벚꽃을 깎아낸다.
벚꽃들, 뭉게뭉게 벚꽃들.

청남빛 그늘 위의
희디흰 눈꺼풀들.
부셔하는 눈꺼풀들.

네게도 벚꽃의 계절이 있었다.
물론 내게도.

꿈

가끔 네 꿈을 꾼다.
전에는 꿈이라도 꿈인 줄 모르겠더니
이제는 너를 보면
아, 꿈이로구나,
알아챈다.

추운 얼굴로 웃으며

차가운 안개비 속에서 팽팽히
꽃들은 시들지도 못했다.
노랑과 빨강, 분홍 튤립들
보랏빛 히야신스
은방울꽃들의 하양.
사람들은 그 사이를
추운 얼굴로 웃으며 거닐었다.
이따금씩 해의 행방을 찾아
회색 하늘 속을 기웃거리며.

빗방울이 굵어졌다.
꽃향기가 방울져 흩어졌다.
어떤 이들은 우산을 펴 쓰고
우리는 지붕 밑을 향해 뛰었다.

손등으로 얼굴을 쓸어 닦으며
너는 맥주를 마셨다.
합석한 노인들은 달콤해 보이는 빵과 함께
김이 오르는 커피를 마셨다.

창밖에는 꽃들이
추운 얼굴로 웃고 있었다.

목고리

내가 마시는 한 잔의 커피.
내가 보는 한 권의 책.
내가 거는 한 통의 전화.
내가 적선하는 한 푼의 동전.

그것은 내 피와 땀을 판 게 아니다.
그렇다고 불로소득도 아니지, 이 말은
불로가 아니라는 뜻이 아니라
소득이 아니라는 거지.
그것은 말하자면, 그러니까,
빚—이었다는 건데, 빚—그래,
영혼을 판 것, 같은 기분을 주는 것이지.
급기야
이제는 더 이상 팔 영혼도 없다는 걸 깨달았을 때,
내 영혼이라는 게 그렇게 값나가는 게
아니었다는 걸 깨달았을 때,

내가 평생 이 빚을
다 갚고 죽을 수 있을까?
생각하면 억장이 무너지는데

오, 또, 생각하면, 생각하면
생각 끝에 떠오르는

오오, 불쌍한 마틸드,
내 목걸이는 가짜였어!

마틸드도 있을라구.
나는 마땅히 치를 것을 치러야 할 뿐.
빚을 담보로, 비장하고 의연하게!

그런데…… 그렇더라도…… 그러니까 말이에요.
오오, 마틸드, 내 목고리는 진짜예요!

무어니무어니 해도
나를 미치게 하는 건
이 목고리가
참으로 우아하지 못하다는 것.

담쟁이

만져보는 거야.
네 입술을.
네 입술의 까슬함과 도드라짐.
한숨과 웃음.
만져보는 거야.

만져보는 거야.
네 귀, 네 콧망울과 콧등, 눈두덩.
까슬함과 보드라움.
헤아리지 않아,
그냥 만져보는 거야.
네 가슴,
네 등, 네 엉덩이
허벅지와 발꿈치.

만져보면서 가는 거야.

10년 전, 내 동생

그날, 너무 추웠다.
열시 조금 지나 깨어났는데, 너는 가고 없었다.
녀석, 쪽지 하나 안 남기고,
날씨는 울적하도록 춥고 마루에는 싸락눈이
허옇게 쌓이고 너는 아침밥도 먹지 않고
혼자 짐을 꾸려서 떠났다.

바람이 심하게 불었다.
너는 아득한 전주로 내려갔다.
기숙사 시설이 별로 좋지 않다고 했다.
너도 벌써 26세였다.
너는 고아처럼 홀아비처럼
떠나갔다. 늘 서울을 떠나 살고 싶다고
했지만 정작 닥치니 쓸쓸했을 것이다.
하긴 네 동창도 같이 가고
넌 바보도 아니고 어린애도 아니었다.
무엇보다도, 내가 잘 살펴주지도 못해왔으니
더 나빠질 일은 없다고,
싸락눈 쌓인 마루를 지나,
나는 멍하니 생각했다. 네 빈방을 둘러보며.

오월, 하고도 스무여드레

비둘기도 날 때는
제법 비둘기 같지가 않다,
는 생각을 하며 남산 계단을 내려간다.
내려가다 멈춘다.
나무들의 이파리들이
풍성히 떠는 파르르 소리에.

이파리에서 이파리로
가지 끝에서 가지 끝으로
파르르 떨림이 퍼진다.

혹시 무슨 말을 하고 싶은 걸까?
매우 유창한 듯도 하고
몹시 더듬는 듯도 하다.
오참, 내가 언제
잠시라도 나무들에게
귀기울인 적이나 있었다고.

그래도 혹시, 내게 무슨 말을 하려는 걸까?
아니면 무수한 고막을 일제히 떨며

내가 무슨 말을 하길 바라는 걸까?

카드 결제일, 연체, 이자,
자존심이 상해봐야 정신을 차린다구……
정신차려봐야 골치만 아프다.
아, 구질구질한!

나무들은 그저 비를 기다리는 거다.
비를 기다리는 나무들은 담담히
그런데 뭔가를 연민하고 있는 것 같다.
바로, 나를!

너는, 달을 아니?

엄마는 달콤한 바람도
바람에 흔들리는 나뭇잎도 안 보시고
자꾸 하늘을 보신다.
타박타박 걸으시며
자꾸 하늘을 보신다.

"저것 봐, 저게 뭐야?
자꾸 따라오네."
엄마는 구름을 슬쩍 걸친
달무리진 달을 가리키신다.
"엄마는!
달이잖아. 달, 달, 달도 몰라?"
나는 화가 난다.
달도 모르냐구!

달이, 휑한 달이
달무리에 갇힌 달이
엄마를 쫓아간다.

달, 달, 달이잖아.

달도 모르냐구!

달무리를 따라
엄마는 타박타박
겁먹은 얼굴로 걸어가신다.

양 생

구름을 터뜨리고 햇빛이
과즙처럼 튄다.
나무들이 일제히 치이익!
산소를 뿜어댈 때.
싱싱하고 건장한 나무들.
활씬 두 팔을 벌리고
껴안자꾸나.
그의 서늘한 가슴에
가슴을 대자꾸나.
쿵! 쿵! 쿵!
나무의 심장을 지나
수액의 맥을 따라
뿌리에 뿌리를 내리고
그리고 우듬지로 치솟아
오, 저처럼!
상쾌히 상체를 젖히고
머리를 흔들어보자꾸나!

언젠가 진짜

언젠가 진짜 죽음이 내게로 올 때
그는 내게서 조금도 신선함을 맛보지 못하리라.
빌어먹을
가짜 죽음들!
퍽이나도 집적거려놓았군.
그는 나를
맛없게 삼키리라

그러나 언젠가
진짜
삶이 내게로 올 때,
진짜 삶이
내게로 온다면,
진짜, 삶이, 내게로 온다면!
모든 가짜
죽음, 가짜 삶의 짓무른 흔적들
말갛게 씻기리라.

말의 힘

기분 좋은 말을 생각해보자.
파랗다. 하얗다. 깨끗하다. 싱그럽다.
신선하다. 짜릿하다. 후련하다.
기분 좋은 말을 소리내보자.
시원하다. 달콤하다. 아늑하다. 아이스크림.
얼음. 바람. 아아아. 사랑하는. 소중한. 달린다.
비!
머릿속에 가득 기분 좋은
느낌표를 밟아보자.
느낌표들을 밟아보자. 만져보자. 핥아보자.
깨물어보자. 맞아보자. 터뜨려보자!

비

아, 저, 하얀, 무수한, 맨종아리들,
찰박거리는 맨발들.
찰박 찰박 찰박 맨발들.
맨발들, 맨발들, 맨발들.
쉬지 않고 찰박 걷는
티눈 하나 없는
작은 발들.
맨발로 끼여들고 싶게 하는.

죽은 풀들도 입을 벌리고

아―, 아―, 아―,
풀이 입을 벌리고
빗방울보다 작은 입을 벌리고
빗물을 마시고 있다.
아―, 아―, 아―,
(죽은 풀들도 입을 벌리고)

나무가 입을 벌리고
빗방울보다 작은 입을
한껏 벌리고
빗물을 마시고 있다.
아―, 아―, 아―,
아―, 아―, 아―,
(죽은 나무도 입을 벌리고)

흙이 입을 벌리고
빗방울보다 아주 작은 입을 벌리고
빗물을 마시고 있다.
아―, 아―, 아―,
아―, 아―, 아―,

(죽은 땅들도 입을 벌리고)

밀짚모자가 입을 벌리고
하이힐이 입을 벌리고
돗자리가 입을 벌리고
『미디어 오늘』이 입을 벌리고
아―, 아―, 아―,
아―, 아―, 아―,
(죽은 이들도 입을 벌리고)

나의 침울한, 소중한 이여

비가 온다.
네게 말할 게 생겨서 기뻐.
비가 온다구!

나는 비가 되었어요.
나는 빗방울이 되었어요.
난 날개 달린 빗방울이 되었어요.

나는 신나게 날아가.
유리창을 열어둬.
네 이마에 부딪힐 거야.
네 눈썹에 부딪힐 거야.
너를 흠뻑 적실 거야.
유리창을 열어둬.
비가 온다구!

비가 온다구!
나의 소중한 이여.
나의 침울한, 소중한 이여.

시인의 묘

그의 죽음의 잠의 침대 머리맡에는
초 한 자루 없어요. 당연하죠. 뭣에 쓰겠어요?
(하지만 생전에 그가 켰던 초들이
일제히 밝혀져 있는 걸 내가 못 보는 건지도 모르죠.)

시든 꽃다발 위로 붕붕
파리가 날아다녀요.

생전에 자주 부풀었을 그의 눈두덩을
다독다독 아주 다독여온 햇빛이
살아 있는 이들의 눈알을 빨갛게 해요.
(그의 삶이 새나가게 한 상처 구멍은
무서움이 만든 것이었을까요?
서러움이 만든 것이었을까요?)

파삭파삭 잠들어 계신 그이.
얼마나 다행인가요,
불면이 무덤 속까지는 가지 못한다는 것이.
(잠들지 못하는 영혼, 그것은 산 자의 것이죠.)

그의 이웃의 가족이 된 지 얼마 안 된 듯한
희끗한 머리칼을 질끈 묶은 중년 여인이
씩씩거리며 중얼중얼 화를 내며
묘석 위를 꽃으로 장식해요. 양동이로 물을 날라
아주 깔끔하게요. 자기의 눈은 부풀어 짓무르고
머리는 부스스하면서요.
그녀가 몸을 굽혀 목 떨어진 한 송이 꽃을 주워
 망설이더니 성큼 걸어와 그의 시든 꽃다발 위에 얹
는군요.
 그리고 휙 돌아가 묘석을 걸레질해요.

부러울까요? 그에게는 아내가 없었어요.
물론 그가 그 때문에 불행해하지는 않았다지만.
하긴 무슨 차이가 있겠어요, 구덩이 속은 똑같겠죠.

여기선 왠지 꽃에 향기가 없고, 그 색깔만 선연해요.
장미, 백합, 제라늄, 자색 붓꽃에 물을 주며
아마 죽음의 웨이터를 마구 윽박지르는
죽음의 술에 취한 아마 자기의 남편에게 마구 욕을

하는
  저 사나운 슬픔이 그에게는 얼마나 어색할까요?

하긴 내가 뭘 알겠어요?
아마 그가 나에 대해, 더 많이 알 거예요.
죽은 이가 볼 수 있다면, 모든 걸 꿰뚫어볼 테니까요.
죽은 이들은 모두 나를 경멸해요!
아니면 연민하겠죠. 그들은 다 알아요.

시든 꽃다발 위의 싱싱한 꽃 한 송이.
저 여인도 그를 아는가봐요.
나중에 좀 위안이 되겠죠.
이제 가봐야겠어요.
해야 할 많은 일들이 내 취기를 깨는군요.
무섭고 서럽게도요.

햇빛의 굴렁쇠가 천지에 굴러다녀요.
햇빛은 따스하고, 무자비하죠.

콘트라베이스 주자

명계남* 역시 콘트라베이스 주자임을 알 것 같다. 콘트라베이스 주자는 오케스트라 밖에서도 콘트라베이스 주자. (이 말이 몹시 쓰면 뱉으시기를!)

1
콘트라베이스
커다란 공허
그는 그 둔중한 현에
자기의 생을 이겨넣는다
아니, 그는
그 질기고 둔중한 현에 온몸을 부벼
자기 생의 한 떨림을, 섬광을
끄집어내, 보려고……

아니, 그냥, 콘트라베이스가 거기 있고……
그 옆에 그가 있고……
기울이는 귀가 있고, 감은 눈이 있고

나는 본다
검붉은 한 자국.

2
어둠 속에서 콘트라베이스가
컹컹 짖는다
널 물고 싶어서 저러는 거다
아니, 나를……

* 명계남: 연극 배우.「유리동물원」「북회귀선」「콘트라베이스」등의 작품에 출연한 바 있다.

아무 불도 켜지지 않았다

아무 불도 켜지지 않았다.
방 천장의 불도 부엌 불도.
책상 위의 스탠드도 켜지지 않았다.
어둠 속에서
전축 속의 여가수는 노래하고 있었다.
서랍을 뒤져 더듬더듬
양초와 라이터를 찾았다.
양초는 짤막했다.
방안엔 누군가 들어와 있었다.
아니면 들어오려 하고 있었다.
라이터는 얕게 한 번
켜졌다 꺼졌다.
양초의 심지는 들러붙어 있었다.
여가수는 여전히 노래하고 있었다.
어쩌면 저 노래 속에서 죽겠군.
나는 어떤 노래인지 열심히 생각했다.
아무 불도 켜지지 않았다.
좀처럼 눈이 떠지지 않았다.

나는 캄캄하게 누워 있다.

캄캄한 생각이 중얼중얼 쳐들어온다.
'진실에 닿는 고통'?
아니, 고통은 있는데 진실은 없다.
무슨 삶이 이렇담!
고통만스럽고 진실은 없다.
비천한 삶이다.
(삶은 비천하다! 삶은 비천하다!)
내 삶은 비천하다.
아무리 비천해도 고통스럽다.

꿈에 깨다

그것은 마른 꽃잎처럼
얇고 아주 가볍다.

쓰디쓴 수액으로
아리고 통통하던
때가 지나고

이제 기억에도 없다.

물결에 흘러가다
찰나, 어른거렸는데

모르겠다.
언제였는지, 왜 그랬었는지,
그러기는 그랬었는지,
모르겠다.
누구였는지, 나였는지
대체 무슨 일이었는지.

꿈을 꾸기는 꾼 것인지.

폭   우

여름 한낮의 복판을 질주하여
폭우가 쏟아진다.
나무들이 서슬 푸르게 폭우의 질주를 들려준다.
천둥이 울린다.
이웃 아이들이 신나라 소리친다.
빠방! 꽈광! 빠방!
덩달아 컹컹! 개가 짖는다.
목소리가 굵다. 덩치 큰 검은 개일 것이다.
빠방! 꽈광! 빠방!
아이들이 소리지른다.
천둥이 울리고, 폭우가 신나라 쏟아진다.
의자에 앉아 졸던 나는 멍하니 깨어나
정신없이 단빵을 물어뜯는다.
빠방! 꽈과과광! 빠방!
폭우가 쏟아진다.
하늘 해방군의 집중 폭격이다.

열이 활활 나는 삶의 손바닥으로

아아아, 니! 아니다!
이건 삶이 아니야.

아, 날것이여.
날것, 날것, 날것들이여.
나를 두들겨, 깨뜨려,
내 안의 날것을, 아직 그런 것이 있다면,
깨워다오.
이 허위인 삶을
쪼고, 쪼고, 물어뜯어다오.

그런데, 어디 있는가, 날것들이여.
내 뭉실한 삶이
거친 이를 가진 입이 되어
쩍 벌어진다.
질경질경 씹고 싶은 날것들이여.
꿀꺽 삼키고 싶은 날것들이여.
꿀꺽꿀꺽 삼켜 구토하고
배 앓고 싶은 날것들이여.

열이 활활 나는 삶의 손바닥으로
나를 후려쳐다오, 날것들!

안녕히,

이 햇빛 속에 이제
그녀는 없다.
햇빛보다 훨씬 강한 것이
그녀를 데려갔다.

이제 더 이상 더 그녀를 저버리지 않아도 된다.
내가 너무 저버려서
그녀는 모든 곳에 있고
어디에도 없다.

저를 용서하세요.
당신이 이해할 수 없었던 것들,
당신을 이해할 생각도 없었던 것들,
무례하고 매정한 것들을.

그녀는 아무것도 가진 것이 없었다.
그녀가 무엇을 좋아했을까?
그녀에게 쥐어드려야 했던 것이 무엇이었을까?
아, 나도 무엇 하나 가진 것이 없었다.
마음조차도. 그녀에겐 마음이 있었는데,

그녀가 빈손을 맥없이 뻗어
죽음은 그녀의 손을 꼭 쥘 수 있었다.
아무도 잡아주지 않은 텅 빈 손으로
당신은 그 손을 꼬옥 쥐었다.

안녕히, 안녕히, 안녕히,
가세요.

아침을 본 짧은 기억

아침노을 위에서
노을을 내려다본다.
엷은 구름의 너울을 쓴
이 풍경은 내 마음에 든다.
설레어 자못
마음에 노을이 드는 듯하다.

하늘은 파르랗다.
초승달이 천천히
줄 끊어진 풍선의 빗면모양
누군가 꾸다 만 꿈모양
떠올라간다.
천천히, 위로, 위로, 가늘게,
뒤편으로.

다른 밤으로 가는 것이겠지.
아무것도 여기 머물지 못한다.

저 아래에는
몸에 끔찍이 익숙하고

정신에 어이없이 낯선
내가 있다.
내가 있었고, 기다리고 있다.

구름은 텅 비었다.
거기엔 내가 없다.

북호텔
──혜성에서

셔터를 내리고
창문을 닫고
커튼을 치고

불을 끄면 한낮에도
캄캄하다.
불을 끄고 너는 눈을 감는다.

셔터를 내리고
창문을 닫고
커튼을 치고

한 백년 비가 오라고.

나의 맹세

나는 역경을, 불운을, 고통을
따뜻이 영접하지 않겠다.

울음소리로 미루어
까마귀는 참 속 깊은 새인 듯싶기도 하지만.

아, 비천하게도 나는 아씨 체질인 것이다.
처지는 비록
아씨를 모셔도 시원치 않을지라도.

지극히 속된 기도

거리마다 교회당이 있다.
하늘에는 달이 떠 있기도 하고
없기도 하다.
내가 가본 교회당들의 거리들.
거리들의 교회당들.
그 안에는 촛불들이 너울거렸다.
기도하는 눈꺼풀처럼.
달싹이는 입술처럼.

누군가 불 붙여놓은 촛불 앞에서
재빨리 기도한 적이 있다.
그 기도는 지극히 속된 것이었다.
근사한 시를 쓰게 해달라는 것,
약간의 돈이 생기게 해달라는 것,
또, 나를, 용서해달라는 것.

교회당 안은 조심스럽고 과묵한
그리고 눈 어둡고 귀 어두운 노인처럼
귀기울였다.

내가 가본 온 거리의 온 교회당들.
내 가슴속 거리의 창고에, 울릴까말까 망설이는,
울릴 수 있을지 없을지 모를,
종들을 쟁여놓은 그 교회당들.

나는 기도했었다.
무구한 빗소리를 품고 있는 회색 구름 아래서
알록 양산을 쓰고.

길

『내셔널 지오그래픽』 포스터 속의 길은
피려는 것인지 지려는 것인지 모를
꽃송이들을 단 잡목 덤불 사이로 나 있다.
아마 지려는 것인 햇빛 아래
잔돌이 구르는 비탈이다.
온기가 가시지 않은 그 길은 멀리
안개와 구름에 싸인 산맥들과 하늘로
시선을 이끌어, 떨구고,
제자리로 돌아간다.

내 시선이, 책방을 겸한 문구점이 있는
길거리의 길 위로 돌아오자마자
누군가 나를 향해 돌진하듯, 튕겨오른다. 마주 걸어오는
그의 몸의 길은
험준하게 뒤틀려 있다.
안개와 구름에 싸여.

그 길 위에서, 그의 얼굴은 정면을 향해 있고
그의 눈의 길은 곧다.

그래서, 그의 바른 자세는
더욱 비틀려 있다.
힘껏 튕기려고
휜 스프링처럼.

기 도

1

만약 영혼이라는 게 있다면,
(있는 것 같다. 이렇게
걷잡을 수 없이 가슴이 쓰리고 아플 때면)
내 영혼은 분명
금이 가 있을 것이다.

격통 속에서만 나는 내 영혼을 느낀다.
금이 간 영혼을.

2

내가 태어난 하늘엔 태양이 없는데
나는 하염없이 햇빛 속에 뒹굴기를 원한다.
태양의 인간이 아니면서
그 맛을 알고, 탐하다;
이것이 망조다.

3

하느님, 우리를 힘들게 마옵소서.
정 힘들게 해야 되겠거든

그 힘듦을 감당할
힘을 주옵소서.

밤 길

달을 향해 걷는 발걸음 소리.
목적도 축도 없이
밤이 빙글 도는 소리.
돌아갈 수 있다고 생각하니?
돌아갈 수 있을까 생각하는 소리.
한숨 소리.
나무가 호흡을 바꾸는 소리.
담쟁이 잎사귀가 오그라드는 소리.
지나가는 자동차의 불빛에 성큼
담벼락을 올라갔다 내려오는 그림자 소리.
너무 지쳐서 꼼짝도 못 하겠어.
벤치에서 한 노인이
이 빠진 달의 찻잔을 어루만지는 소리.
가로등이 파르르 떨리는 소리.
아무 반향 없는
시간의 기침 소리.
잠이 회유하는 소리.
잠시 구름이 멈추는 소리.

나는 네가 밤길을 걷는 것을 본다.

네게서는 달의 냄새가 난다.
너는 걷고, 걷고, 걷는다.

돌아갈 수 있다고 생각하니?

11월

납물처럼 떨어지는 빗줄기 속.
온종일 슈퍼마켓 처마 밑에서
발이 저리도록 쪼그리고 앉아
지나가는 이들의 구두코를 바라보던
거지 아이의 마음을, 은전 한 닢,
햇빛으로 주조한 것인 양
따스하게 하네.

데그럭거리다

머리가 죄악으로 무겁고 가책으로 모나서
쉽사리 잠으로 굴러가지 않는다.
하, 가기도 두렵다.
거기가 어딜지 빤히 알기에.

뗏장 같은 이불을
당겼다 걷어찼다 뭉개며
데그럭거리는 머리통을 버둥버둥 끌고

당도하면, 거기.
하늘은 먹장구름, 길은 엉망진창
회칠 벗겨진 담장 끝의 녹 칠한 막다른 집.
입구도 가구도 망가지고 모호하다.

당도하면 거기.
모르는 이들도 빚 청산을 요구하고
천사 같은 친구도 나 닮은 얼굴로 떠돈다.

생활!

결혼한 친구가 보낸 편지에
이런 구절이 있었다.
"일해서 벌어먹고 사는 일을 운명으로 받아들이는 데
수삼년이 걸렸다…… 나는 일을 해야만 한다.
그것이 처음엔 미칠 듯 외로운 일이었다."

자기 먹이를 자기가 구해야만 한다는 것.
이 각성은, 정말이지 외로운 것이다.
(결혼을 한 여자에게는 더욱이나.)

내 누누이 하는 말이지만
가난하다는 건 고독한 것이다.

인생이란! 고단하지 않으면
구차한 것.

얼음과 먼지

어떤 인간은 우리 인간이 무엇으로
이루어졌는지, 무엇에서 비롯되었는지
한눈에 보여준다.

얼음과 먼지.

얼음과 먼지.

얼음과 먼지.

그래, 신기하고 신비하다, 때로
얼음과 먼지의
피와 살인 것인
한 인간으로부터

보드랍고 말랑한
발갛고 따끈한
그런 기운이 배어나는 걸 보는 일은.

꿈같이 산다, 죽은 이들은

죽은 이들은 산 사람들의 꿈에서 산다.
먹고, 웃고, 치장하고, 잠자고

산다,
노래하고, 투정하고, 한숨쉬면서,
없는 유산, 분배도 하면서.

내 머리통을 거주지로 삼은
죽은 이들이여,
행복하게 사시라.

11월

너희들은 이제
서로 맞을 느끼지 못하겠구나.
11월,
햇빛과 나뭇잎이
꼭 같은 맛이 된
11월.

엄마, 잠깐 눈 좀 감아봐! 잠깐만.

잠깐, 잠깐, 사이를 두고
은행잎이 뛰어내린다.
11월의 가늘한
긴 햇살 위에.

너는 파랗고

내가 기대고 있는
벽,
그 너머에 네가
기대고 있다.

아, 황폐해!
너는 외쳤지.
그 말이 벽에서 벽으로 끝없이 메아리친다.
아, 황폐해! 아, 황폐해!
메아리가 우리의 심장을
후벼판다.

내가 기대고 있는
침묵,
그 너머에 네가 귀기울이고 있다.

바람 소리가 좋군!
바람이 네 목소리를 흉내내어 분다.
나도 따라서 조그맣게 외친다.
바람 소리가 좋군!

바람이 지나가는 걸 보려고
가늘게 눈을 뜬다.

파랗고
검다.

너는 파랗고
나는 검다.

동물원

기차역 옆에 동물원 있었다.
그 동물원에 들어가고 싶었다.

기린, 코끼리, 하마, 돌고래
그들은 동물원 떠나고 싶었을까?
기차 타고 멀리 떠나고 싶었을까?

동물원 못 가고
기차를 탔다.

기차역 없는 곳에
동물원 있다.
그 동물원에 들어가보았다.

기린, 코끼리, 하마, 돌고래
다들 꽁꽁 숨어 보이지 않았다.
우리 안 청소하는 인부만 보였다.
빈 동물원 산책하는 애인들만 보였다.

동물원에 살랑살랑 바람이 쏘다닌다.

마른 잎이 생쥐처럼 조르르 달려간다.

인공 바위 위에 늑대들이 나타났다.
서로 멀찍감치 엎드려 있다.
어떤 놈은 울타리 너머로 달려가는 차를 바라본다.
어떤 놈은 우두커니 하늘을 본다.

구름이 천천히 지나간다.
기린 구름, 코끼리 구름, 하마 구름, 돌고래 구름.

자유로

나는 아무의 것도 아니고
아무것도 아니라는
구절초처럼 빛나는 혈통에 대한
간도 쓸개도 없이

멍하니 기가 죽어 살고 있다.

나는 타락했다.
내가 아무의 것도 아니고
아무것도 아니라는
피의 계율을 잊었기 때문에.

독자적인 삶

그래,
어떤 이는 자기의 병을 짊어지고
자기의 가난을 짊어지고, 악행을 짊어지고
자기의 비굴을 짊어지고 꿋꿋이
그렇게, 아무도 따라오지 않을
자기만의 것인 것을
짊어지고, 쌍지팡이 짚고, 거느리고.

고아원

그들은
축축하고 추운 긴 복도다.
파리한 물고기 같은 달을 향해
기울어져 있다.
한구석에 새끼 고양이 한 마리가 묶여 있다.
발을 멈추고 쓰다듬자
요요처럼 내 손에 탁탁 붙는 새끼 고양이여.
그들은 멀거니 본다.
새끼 고양이 혹은 내 손길을.
항상 비껴선 복도여.
도무지 손길에 익숙지 못한 존재여.
아무 손길 닿지 않는 새끼 고양이들의 복도여.

흰눈 내리는 밤

이것은 순수한 현재.
가득 차오르는
이것은 순수한 현재의 입김, 시선의 집중 포화, 거침없는 손길.
흠뻑 고요하고 흠뻑 눈부신
네 꿈속에 깃든 나의 꿈.
우리의 하얀 천국.

보이니?
눈 오는 숲은 일요일이다.
영원히 계속될 듯.
하지만 마침내 그칠 것이다.
그때 눈은 숲의 내부로 스며든다.

내 손이 닿지 않는 데까지
낙망하지는 말아다오.
어쨌든 지금은
순수한 현재.

일요일의 노래

북풍이 빈약한 벽을
휘휘 감아준다
먼지와 차가운 습기의 휘장이
유리창을 가린다
개들이 보초처럼 짖는다

어둠이
푹신하게
깔린다

알아?
네가 있어서
세상에 태어난 게
덜 외롭다.

〈해 설〉

자기 부정, 밖을 향한 터짐

진 형 준

  자유로움·발랄함·가벼움 등의 이미지와 함께 황인숙의 이름을 기억하고 있는 사람들은 이번 『나의 침울한, 소중한 이여』를 펼쳐보고는 책표지의 시인의 이름이 혹시 잘못된 것이나 아닌가 하고 의아스러워할 것이다. 시집 전체를 온통 무거운 탄식과 안타까움과 질책의 분위기가 휩싸고 있기 때문이다. 그 무거운 분위기는 자신의 삶 자체에 대한 모멸에서 온다. 아무렇게나 뽑아보자.

    어쩌겠니, 내가
    어제 오늘 못생겨진 것도 아니고……
    항상 이렇게 생겼었다는 것이
    위로가 되다니!   ——「긴말 하기 싫다」

여기, 변변히 젊어본 적 없는 자,
고이 늙지 못하다.   ——「거울들」

오, 내 흉한 눈, 죽은 눈.
생각도 감각도 없이
바라보는 것을 시들게 하는.   ——「좀비」

고통만스럽고 진실은 없다.
비천한 삶이다.
(삶은 비천하다! 삶은 비천하다!)
내 삶은 비천하다.
아무리 비천해도 고통스럽다.
                ——「아무 불도 켜지지 않았다」

인생이란! 고단하지 않으면
구차한 것.   ——「생활!」

나는 아무의 것도 아니고
아무것도 아니라는
구절초처럼 빛나는 혈통에 대한
간도 쓸개도 없이

멍하니 기가 죽어 살고 있다.

나는 타락했다.
내가 아무의 것도 아니고

아무것도 아니라는
피의 계율을 잊었기 때문에.　　　——「자유로」

　　아무렇게나 뽑아본 위의 시구절들에서 우리가 깊이 느끼게 되는 것은 시인의 자기 부정의 철저함이다. 우리가 흔히 접하게 되는 자기 부정의 모습은 대개 타락한 자아/순수한 자아의 대립 구조로 나타나는 것이 보통이다. 그러니까 그 경우의 자기 부정은 이상·꿈 등을 드높이는 효과를 낳는다. 그러나 황인숙의 자기 부정은 그 반대의 의미를 띠고 있다. 즉 자기 부정을 통해 이상 세계의 드높음을 환기시키는 것이 아니라, 자신이 "아무의 것도 아니고/아무것도 아니라는/피의 계율을 잊었기 때문에" 자신이 타락했다는, 영혼의 존재에 대한 믿음이 있는 척한 사실 자체가 자신의 타락의 출발이었다는 것을 고백하고 있다. "그냥 멍청한 것/그냥 삐뚜름한 것/그렇다면 그냥 견딜 만한데"(「긴말 하기 싫다」)라는 구절은, "오늘 신문은 벌써 반찬 국물로 얼룩져 있"(「어쨌든 그것부터」)는 진부하기 그지없는 일상, 그 못생긴 일상과 자신이 별다른 존재가 아님을 자각했을 때의 상태를 보여준다. 그래서 시집을 펼치자마자 "순수한 영혼과 타락한 현실간의 대립이/환멸, 이라는 책을 읽었다./그것이 뭐가 환멸이야? 자랑이지./타락한 영혼과 순수한 현실,의 대립, 이야말로"(「영혼에 대하여」)라는 충격적인 뒤집힘과 우리는 만나게 된다.

　　다시 정리하자면, 시인의 고통은 내 삶이 비천한 데서 오는 것도 아니고, 우리의 삶이 타락했기 때문에 오는 것도 아니며, 내 안에 순수한 영혼이 있다고 내 영혼은 이 더러운 세상과 만나지 않는 곳에 존재한다고 믿었던 자신의 허위 의식에서 온다. 시인은 "무어니무어니 해도/나를 미치게 하는 건/이 목고리가/참으로 우아하지 못하다는 것"(「목고리」)이라며, 자신이 하찮은 존재에 불과할 뿐이라는 깨달음에 괴로워하기도 하지만, 시인의 저 도저한 자기 부정은 스스로 제 속에 가두어둔 자신의 존재의 밖을 향한 열림, 다른 존재들과의 만남에의 열망으로 자연스럽게 이어진다. 그리고 그 열망이 낳은 이미지가 바로 바람이고 비다.

    영혼이라는 게 몸 안에서
    불덩이처럼 굴러다니고 있다고 생각하면
    멀미가 난다.
    속이 울렁거려.
    토할 것 같아. 영혼이든 뭐든.

    나는 영혼이
    나뭇가지를 샅샅이 훑고 다니는
    바람이라면 좋겠다. ——「영혼에 대하여」

    나무들은 그저 비를 기다리는 거다.
    비를 기다리는 나무들은 담담히
    그런데 뭔가를 연민하고 있는 것 같다.
    바로, 나를! ——「오월, 하고도 스무여드레」

아, 저, 하얀, 무수한, 맨종아리들,
찰박거리는 맨발들.
찰박 찰박 찰박 맨발들.
맨발들, 맨발들, 맨발들.
쉬지 않고 찰박 걷는
티눈 하나 없는
작은 발들.
맨발로 끼여들고 싶게 하는.　　　　　　　　　　—「비」

비가 온다.
네게 말할 게 생겨서 기뻐.
비가 온다구!

나는 비가 되었어요.
나는 빗방울이 되었어요.
난 날개 달린 빗방울이 되었어요.

나는 신나게 날아가.
유리창을 열어둬.
네 이마에 부딪힐 거야.
네 눈썹에 부딪힐 거야.
너를 흠뻑 적실 거야.
유리창을 열어둬.
비가 온다구!

비가 온다구!

나의 소중한 이여.
나의 침울한, 소중한 이여.
───「나의 침울한, 소중한 이여」

바람 소리가 좋군!
바람이 네 목소리를 흉내내어 분다.
나도 따라서 조그맣게 외친다.
바람 소리가 좋군!

바람이 지나가는 걸 보려고
가늘게 눈을 뜬다.　　　　　　　───「너는 파랗고」

위의 인용에서 볼 수 있듯이 황인숙의 바람은 아무 구애 없이 어디든 자유롭게 날아다니는 가벼운 바람이 아니라, "나뭇가지를 샅샅이 훑고 다니"며, 다른 존재들과 접촉을 가능하게 하는 바람이며 너와 나를 맺어주는, 너의 메시지를 내게 전해주는 바람이다. 또한 비 역시, 대상과 관계를 맺어주는(사람들끼리의 관계에서 연민만큼 깊은 공감〔共感〕이 또 있을까?) 주체이면서, 자신의 온갖 허위 의식을 벗어던지고 맨발(맨발은 맨마음, 그러니까 헐벗은 마음에 다름아니다)로 뛰어들 수 있게 해주고, 시인으로 하여금 스스로 빗방울이 되어(그 빗방울은 하늘에서 떨어지는 게 아니라 날개를 달고 날아간다) '너'와 한몸이 되는 것을 가능케 하는 관능적인 존재이다. 그러니까, 바람과 비는 나와 타인의 영혼을 만나게 해주는 이미지가 아니라, 나와 타인의 헐벗은 만남, 관능적 접촉을 가능케 해주는 이미지이며 그 접촉에의 열망이 낳은 이미지이다.

그런데 그 이미지는 순수한 영혼의 비상의 반대편에 존재한다는 의미에서 어둠과 결합되어 있다. 즉, 비를 나누고 바람을 함께 맞는 의식은, 밝은 곳에서 나누는 교감이라기보다는, 흡사 어둠 속에서 은밀히 행해지는 드라큘라의 피의 제전과 비슷하다. 영혼이 육체적 감각의 극소화와 관련이 있다면 비와 바람의 매개를 통한 황인숙의 교감은 오히려 육체적 감각의 극대화에 가까운 것이다.

> 아아아, 니! 아니다!
> 이건 삶이 아니야.
>
> 아, 날것이여.
> 날것, 날것, 날것들이여.
> 나를 두들겨, 깨뜨려,
> 내 안의 날것을, 아직 그런 것이 있다면,
> 깨워다오.
> 이 허위인 삶을
> 쪼고, 쪼고, 물어뜯어다오.
>
> 그런데 어디 있는가, 날것들이여.
> 내 뭉실한 삶이
> 거친 이를 가진 입이 되어
> 쩍 벌어진다.

질겅질겅 씹고 싶은 날것들이여.
꿀꺽 삼키고 싶은 날것들이여.
꿀꺽꿀꺽 삼켜 구토하고
배 앓고 싶은 날것들이여.
열이 활활 나는 삶의 손바닥으로
나를 후려쳐다오, 날것들!
　　　　　　　——「열이 활활 나는 삶의 손바닥으로」

 황인숙의 상상력 속에서, 「아직도 햇빛이 눈을 부시게 한다」「아침을 본 짧은 기억」이 존재하지 않는 것은 아니지만 "내 심장에서/느티나무 같은 밤이 자란다. 너를 향해/내 발바닥엔 잔뿌리들 간지러이 뻗치고/너를 만지고 싶어서/내 모든 팔들에/속속 잎새들 돋아난다."(「밤의 노래」)에서 보듯, 타인을 향한 자신의 존재의 열림은 대개 어둠 속에서 행해지며, 그만큼 은밀하고 두렵다. 그것이 두려운 것은 "어둠 속에서,/가령 어둠보다 더 캄캄한 얼굴을,"(「어둠 속에서」) 만날 수도 있기 때문이다. 그러나, 어둠은 어둠보다 더 어두운 자신의 존재(드라큘라를 상상해보라)를 확인하게 만들지도 모르기에 두렵기도 하지만, 우리 누구나 그러하듯이 우리를 외로움에 빠뜨리기도 한다. 외로움은 일차적으로는 다른 존재들과 단절되어 있다는 사실의 자각에서 오지만, 그 외로움은 그 자체 다른 존재와의 만남을 열망하게 만드는 시발점이기도 하다. 또한 밝음이 순수함·영혼 등과 관련이 있다면 어둠은 우리의 감각·육신 등과 관련이 있다는 의미에서 그때의 만남은 영혼의 교감이 아니라 감각적·관능적 교감이며, 육신의 생명 자체를 긍정하는 만남이다. 그때의 생명감은 육신에 갇혀 있던 영혼의 재생을 노래하는 것이 아니라 원시적 생명성·건강성의 재생을 노래한다.

> 구름을 터뜨리고 햇빛이
> 과즙처럼 튄다.
> 나무들이 일제히 치이익!
> 산소를 뿜어댈 때.
> 싱싱하고 건장한 나무들.
> 활씬 두 팔을 벌리고
> 껴안자꾸나.
> 그의 서늘한 가슴에
> 가슴을 대자꾸나.
> 쿵! 쿵! 쿵!
> 나무의 심장을 지나
> 수액의 맥을 따라
> 뿌리에 뿌리를 내리고
> 그리고 우듬지로 치솟아
> 오, 저처럼!
> 상쾌히 상체를 젖히고
> 머리를 흔들어보자꾸나! ——「양생」

그 건강한 육체적 생명성을 향한 욕구와 상상력은 말〔言語〕조차도 관능성을 띠게 한다.

기분 좋은 말을 생각해보자.
　　파랗다. 하얗다. 깨끗하다. 싱그럽다.
　　신선하다. 짜릿하다. 후련하다.
　　기분 좋은 말을 소리내보자.
　　시원하다. 달콤하다. 아늑하다. 아이스크림.
　　얼음. 바람. 아아아. 사랑하는. 소중한. 달린다.
　　비!
　　머릿속에 가득 기분 좋은
　　느낌표를 밟아보자.
　　느낌표들을 밟아보자. 만져보자. 핥아보자.
　　깨물어보자. 맞아보자. 터뜨려보자!　　　——「말의 힘」

　터뜨려보자! 바로 여기에 황인숙의 이번 시집을 살아 있게 하는 동력의 핵심이 있다. 터뜨려서 속살을 드러내기, 터뜨려서 속살을 맞부비기, 터뜨려서 속살을 드러내기, 터뜨려서 속살을 맞부비기, 터뜨려서 살아 있는 기쁨을 느끼는 존재로 다시 태어나기, "빗방울보다 작은 입을 벌리고"—큰 입이 아니라, 작은 입이다. 그 무언가를 삼키는 큰 입이 아니라 섬세하게 빨아들이는 흡반 같은 작은 입—(「죽은 풀들도 입을 벌리고」) 죽은 풀들, 죽은 나무들, 죽은 땅들, 죽은 이들 모두가 생명의 빗물을 마시기, 그래서 세상을 향해 "나는 진짜로 살고 있다"라고 외치는 경탄의 주체가 되기, 그것이 첫눈에 자기 부정의 모습을 보이는 듯이 여겨지는 이번 황인숙 시집의 속살이다. 물론 그런 경탄의 주체가 되어 내지르는 감탄사가 이번 시집 전체를 물들이고 있는 것은 아니며,

오히려 금이 가 있는 영혼에 대한 자각과 자탄이 주조를 이루고 있지만(한편, 기도, 꿈, 달을 향해 걷는 발걸음 소리, 밤길 등의 모티프들은 밤·어둠의 이미지가 관능, 헐벗은 생명력만 감추고 있는 것이 아니라 명상·초현실·순환·자기 성찰을 가능케 하는 것이기도 함을 보여준다), 시인의 시선은 바로 그러한 건강한 생명력, 하찮은 것과 하나가 된 그런 고귀한 생명력을 향한 연금술적인 꿈으로 모아져 있다고 해도 과언이 아니다. 그 연금술적인 꿈은 가장 차가운 것과 가장 하찮은 것을 결합시켜 포근한 생명력을 잉태시킨다.

> 어떤 인간은 우리 인간이 무엇으로
> 이루어졌는지, 무엇에서 비롯되었는지
> 한눈에 보여준다.
>
> 얼음과 먼지.
>
> 얼음과 먼지.
>
> 얼음과 먼지.
>
> 그래, 신기하고 신비하다. 때로
> 얼음과 먼지의
> 피와 살인 것인
> 한 인간으로부터

보드랍고 말랑한

발갛고 따끈한

그런 기운이 배어나는 걸 보는 일은.

———「얼음과 먼지」

"얼음과 먼지."라는 시행을 세 번이나 반복하면서 행간을 의도적으로 떼어놓은 데서 알 수 있듯이, 얼음과 먼지는 접착력이 전혀 없는 물질들이다. 그런데 그 얼음과 먼지의 피와 살인 한 인간으로부터, 그 아무런 매개도 없이(그 얼음과 먼지를 반죽시켜주는 매개도 없이) 그 자체 따뜻한 생명의 기운이 배어나온다. 그 사실은 얼음과 먼지로 된 하찮은 생명이라는 허무감을 낳지도 않고, 얼음과 먼지를 뛰어넘는 그 무엇(말하자면 영혼 같은 것)에 의해 생명에 의미가 부여된다는 생각을 낳지도 않는다. 요컨대, 그 상상력 속에서, 얼음·먼지·차가움·하찮음·분리성(分離性) 등은 보드라움·따뜻함·접착력 등과 한데 어울린다. 그 상상력은 이미, 차가운 것에서 차가운 것만 보고 따뜻한 것에서 따뜻함만을 느끼는 일상적 감각을 뛰어넘는 상상력이다. 그 상상력이 일상적 감각을 뛰어넘었다는 것은, 진정한 생명력을 향한 열망이 낳은 감각이 확장되어, 그 감각이 확장된 만큼 세상이 미세해지면서 동시에 확장되었음을 의미한다. 그러니까, 황인숙이 『나의 침울한, 소중한 이여』에서 보여주는 세계는 단순히 몸의 감각에 충실한 생명력의 세계로 닫힌 모습을 보여주는 것이 아니라, 감각의 극대화를 통한 이 세계 자체의 확대의 꿈을 보여준다고 할 수 있다. 누

가 알겠는가? 그 세계가 한없이 확장되어, 이 세계 내부에서 다시 영혼·초월과 조우하게 될지? ▨